MORTAIN

PENDANT LA TERREUR

III

LE COMTE DE SOURDEVAL

Par Hipp. SAUVAGE

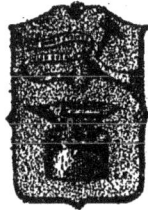

AVRANCHES

IMPRIMERIE TYPOGRAPHIQUE ET LITHOGRAPHIQUE DE JULES DURAND

RUES BOUDRIE, 2, ET QUATRE-ŒUFS, 24

—

1899

(8)

MORTAIN

PENDANT LA TERREUR

III

LE COMTE DE SOURDEVAL

Par Hipp. SAUVAGE

AVRANCHES

IMPRIMERIE TYPOGRAPHIQUE ET LITHOGRAPHIQUE DE JULES DURAND·

RUES BOUDRIE, 2, ET QUATRE-ŒUFS, 24

1899

V

MORTAIN PENDANT LA TERREUR

III

LE COMTE DE SOURDEVAL

————✸————

Peu d'instants après que le Tribunal Révolutionnaire eût rendu son arrêt de mort contre Mme Elisabeth, sœur du roi Louis XVI (1), Fouquier-Tinville, le célèbre accusateur public, tint ce propos au président Dumas, qui venait de prononcer la sentence :

« Il faut avouer qu'elle n'a pas poussé une plainte ! »

— « De quoi se plaindrait-elle, Elisabeth de France ? répondit Dumas, avec une gaieté ironique. Ne lui avons-nous pas formé aujourd'hui une cour d'aristocrates dignes d'elle ? Et rien ne l'empêchera de se croire encore dans les salons de Versailles, quand elle va se voir, au pied de la sainte guillotine, entourée de toute cette fidèle noblesse ! »

En effet, vingt-quatre accusés avaient été adjoints à cette infortunée princesse, et la plupart d'entre eux tenaient aux familles les plus distinguées et les plus connues de la France.

---

(1) Archives nationales. w. 363. N° 787. 83° carton. Armoire de fer A E. . 5. N° 20.

En suivant l'ordre de l'acte d'accusation, nous remarquons entre autres :

1° Marie-Elisabeth Capet, âgée de 30 ans, selon l'expression du rédacteur.

2° Anne Duwaës, veuve de L'Aigle, ci-devant marquise, 55 ans.

3° Louis-Bernardin Le Neuf-Sourdeval, 69 ans, né à Caen, ex-comte, demeurant actuellement à Chatou (Seine-et-Oise).

4° Anne-Nicole Lamoignon, veuve du marquis de Senozan, 76 ans.

5° Claude-Louise-Angélique Bersin, femme de Crussol d'Amboise, 64 ans.

6° Georges Folloppe, 64 ans, officier municipal de la commune de Paris et pharmacien.

9° Charles Gressy Champmilon, 33 ans, ci-devant noble, sous-lieutenant du régiment de vieille marine.

11° Alexandre-François de Loménie, 36 ans, ci-devant colonel du régiment des chasseurs, ci-devant Champagne, ex-comte.

12° Louis-Marie-Athanase de Loménie, 64 ans, ex-ministre de la guerre et maire de Brienne.

13° Antoine-Hugues-Calixte Montmorin, 22 ans, sous-lieutenant au 5e régiment de chasseurs à cheval.

15° Martial de Loménie ex-coadjuteur de l'évêché du département de l'Yonne, 30 ans, ex-noble.

16° Antoine-Jean-François Mégret de Sérilly, 48 ans, ci-devant trésorier-général de la guerre, et cultivateur depuis 1789.

17° Antoine-Jean-Marie Mégret d'Etigny, 46 ans, sous-aide-major des ci-devant Gardes-Françaises, ex-noble.

18° Charles de Loménie, 33 ans, ci-devant chevalier de Saint-Louis et de Cincinnatus.

19° Françoise-Gabrielle Taneffe, veuve Mont-Morin, ex-Ministre des Affaires-Etrangères, 57 ans.

20° Anne-Marie-Charlotte de Loménie, épouse divorcée de l'émigré Canisy, 29 ans, domiciliée à Sens, et à Paris, rue Georges, n° 18.

21° Marie-Anne-Catherine Rosset, 44 ans, femme de Charles Christophe Rossel-Cercy, officier de marine, émigré.

22° Elisabeth-Jacqueline Lhermitte, femme de Rosset, 65 ans, son mari ci-devant lieutenant-colonel des carabiniers, maréchal-de-Camp, ex-noble, émigré.

23° Louis-Claude Lhermitte de Chambertrand, 60 ans, prêtre et ex-chanoine de la ci-devant cathédrale de Sens, ex-noble.

24° Anne-Marie-Louise Thomas, femme Sérilly, 31 ans.

25° Et Jean-Baptiste Dubois, 41 ans.

La majeure partie de ces personnages habitait à Sens (Yonne). Sur cet ensemble des accusés se trouvaient dix femmes. L'une d'elles, Mme de Canisy, par son mariage, était entrée dans l'une des familles de l'Avranchin. Mais nous avons le désir de ne nous occuper spécialement que du comte de Sourdeval, qui occupait l'un des premiers rangs dans la région de Mortain.

Louis Bernardin Le Neuf (1), écuyer, seigneur de Venoix, et qualifié Monsieur de Montenay, né à Caen, le 19 février 1725, était le 4ᵉ des fils de Gabriel Le Neuf, et de Louise-Marie du Noyer, dont le père avait été trésorier-général des Finances de France, en la généralité de Paris. Entré fort jeune dans la marine royale, il y avait débuté avec le grade d'enseigne et obtenu la croix de Saint-Louis. Devenu capitaine de vaisseau, il dut abandonner cette situation lorsque, vers la fin de 1763, il épousa Marie-Jeanne Le Neuf, sa propre nièce, plus jeune que lui de 25 ans, étant née le 1ᵉʳ décembre 1750, et fille de Pierre-Gabriel-Louis Le Neuf, son frère aîné (2), chevalier de Saint Louis, brigadier des armées du roi et lieutenant-colonel du régiment de Rohan (Infanterie) (3). La jeune épouse lui apporta en mariage les terres et les fiefs de Sourdeval, de La Pevellière, de La Houssaye, du Mesnil-Adelée, des Brulais et d'Airon (4), en faveur desquels il obtint de Louis XV, au mois

---

(1) Armoiries : de gueules à 3 coussins d'or ayant leurs glands d'or posés 2 et 1.

(2) Il mourut à Paris, le 16 novembre 1754 et fut enterré dans l'église de Saint-Eustache.

(3) D'Hozier. Nobiliaire général de France. Vᵒ Le Neuf.

(4) Plutôt d'Eron ou d'Esson, que l'on trouve mentionné dans la charte de Navarre de 1401.

de mai 1764, des lettres-patentes qui en constituèrent un comté, sous le nom de Sourdeval-Le-Neuf (1). Ses états de services militaires, du reste, avaient beaucoup contribué à lui mériter eette faveur insigne : ils sont fort brillants.

A peine âgé de quinze ans, il s'était embarqué, en 1740, sur *Le Diamant*, commandé par le chevalier de Piosens, et compris dans une petite escadre, sous les ordres du comte d'Espinay. Son vaisseau fut fort endommagé lors d'un combat très vif qui s'engagea entre l'escadre anglaise, fort supérieure à la nôtre, sur la côte de Saint-Domingue, vis-à-vis du cap Tiburon.

Trois ans plus tard, toujours sous les ordres du chevalier de Piosens, Sourdeval monté sur *Le Saint-Esprit*, se trouva au combat livré dans la Méditerranée par M. Decourt, contre l'amiral Mathews.

En 1746, sur *La Sirène*, commandée par M. de Salliès, il prit part à la capture de plusieurs vaisseaux marchands et d'une frégate anglaise, appelée l'*Albany*.

L'année suivante, dans une rencontre malheureuse, il était fait prisonnier de guerre et conduit en Angleterre en captivité.

Enfin Sourdeval fut replacé, à son retour, sous le commandement du même M. de Salliès et sur le vaisseau *La Gloire*. Il prit même une part active dans une rencontre des plus opiniâtres, livrée entre l'escadre du roi, composée de cinq vaisseaux de guerre, commandés en chef par le marquis de la Jonquière, et l'escadre anglaise, formée de 18 vaisseaux, sous les ordres de l'amiral Anson. Le navire *La Gloire* y fut désemparé de tous ses mâts et prêt à couler. Le capitaine ayant été tué dès le commencement de l'action, et les deux tiers de l'équipage tués ou blessés, il fallut se rendre en présence d'une infériorité contre laquelle la lutte était impossible. Mais Sourdeval avait été magnifique de courage dans l'action et en présence du danger.

---

(1) Elles ont été enregistrées au Parlement de Normandie et à la Cour des Comptes, au mois de février 1765. — En novembre 1847, tout le dossier très complet de cette affaire était à la vitrine d'un bouquiniste de Caen, qui depuis plusieurs années l'avait acquis d'une vieille domestique devenue légataire de Madame de Sourdeval. Il nous fut cédé facilement et nous l'avons offert aux archives de Saint-Lo.

Une fois marié, Bernardin Le Neuf dût partager son temps entre la ville de Caen (1) et le château de Sourdeval, dont son père, Gabriel, avait fait reconstruire le château, vers 1734, et dont il ne reste plus·qu'une partie.

Bientôt il eut conquis une certaine considération dans le pays, grâce à sa distinction personnelle et à sa haute situation de fortune. Ceci est tellement vrai qu'en 1787, Louis-Philippe-Joseph, duc d'Orléans, père du roi Louis-Philippe, lui faisait délivrer un brévet de conservateur particulier de ses chasses du comté de Mortain, qu'il divisait en quatre conservations. Sa commission est datée du Palais-Royal, le 6 juillet (2). Elle fut enregistrée à l'audience du bailliage de Mortain, du 27 octobre suivant.

Connu et apprécié du prince, c'est à Bernardin Le Neuf que celui-ci confiait deux ans plus tard sa procuration pour le représenter aux élections qui eurent lieu à Coutances en 1789, pour les Etats-Généraux. Il s'y présenta lui-même, du reste, de son propre chef (3), et présida, comme il l'avait déjà fait pour l'assemblée du bailliage secondaire de Mortain, tant en sa qualité de mandataire du duc d'Orléans que de doyen d'âge de l'assemblée. C'était au surplus un cœur ardent et dévoué, car au lendemain de l'arrestation de Varennes (22 juin 1791), il offrait généreusement sa liberté et sa vie en otage pour la délivrance de Louis XVI et de sa famille. Bientôt on devait se ressouvenir de cet acte de loyauté; il le paya de sa propre existence et eut du moins l'honneur insigne d'être l'un des compagnons d'infortune de Mme Elisabeth, sœur du roi.

En peu de mots, nous esquisserons la partie du procès qui concerne Sourdeval : ce sera fort court. Quelques lignes de l'acte d'accusation, rédigé en vingt pages in-folio et signé par

---

(1) Son hôtel de Caen se trouvait rue de Lepinette, en la paroisse de Saint-Julien.

(2) Original à la Bibliothèque Nationale. Manuscit, fonds français, n° 11.915. Voir aux pièces justificatives.

(3) De la Roque et de Barthelemy. Catalogue des gentilshommes de Normandie, p. 45 et 49.

Fouquier-Tinville, le 20 floréal an II (9 mai 1794), suffisent pour narrer les griefs formulés contre lui.

« Sourdeval, dit-il, ex-comte, lié avec la femme Sennozant (1),
» partageait sa haine pour la révolution. Il s'était établi à
» Caen en 1791, au moment où se préparait la contre-révolu-
» tion, dont il a été l'un des agents, et il ne s'est retiré de
» cette ville que pour se soustraire aux poursuites faites contre
» les conspirateurs. Il avait excité contre lui, par sa tyrannie et
» son oppression, l'indignation des habitants de Sourdeval. Enfin,
» tout donne lieu de croire qu'il avait des relations intimes
» avec d'Aligre, et qu'il entretenait des correspondances avec
» ce conspirateur, et avec Vibraye et La Luzerne, émigrés, gendres
» d'Augran d'Alleray, aussi frappé du glaive de la loi, chez
» lequel il s'est réfugié longtemps, de son propre aveu (2). »

Il faut reconnaître que ces accusations étaient bien vagues et qu'elles ne reposaient sur rien de circonstancié, ni de complètement défini. Sourdeval n'avait pas été l'un des 84 conspirateurs, ou soit-disant tels, qui avaient été arrêtés à Caen, lors des poursuites exercées contre les Fédéralistes normands. On ne pouvait que supposer qu'il avait pu avoir connaissance du complot. Fouquier, lui-même, reconnaissait qu'il n'avait que des soupçons, et non des preuves de relations ou de correspondances avec certains hommes, avec quelques émigrés, ou des parents de personnages atteints par le tribunal révolutionnaire. Aucun témoin, aucun fait certain, aucune pièce justificative n'étaient produits à l'audience contre ce vétéran de nos armées navales et l'on ne peut s'expliquer sa présence au banc des accusés.

Quoiqu'il en soit, le réquisitoire formulé contre lui et ses coaccusés fut remis le 9 mai 1794 aux membres du Tribunal, et tous, au nombre de vingt-cinq, comparurent ensemble à l'audience, le lendemain 10 mai. Leurs juges étaient René-

---

(1) Mme de Senozan, âgée de 76 ans, était la sœur du vertueux et intègre de Lamoignon de Malesherbes, le défenseur de Louis XVI. Un monument a été élevé à ce magistrat courageux, au Palais de Justice de Paris.

(2) N° 6 du dossier qui renferme 47 pièces. Arch. nationales.

François Dumas, président, Gabriel Deliège et Antoine-Marie Maire, juges. Gilbert Lieudon, adjoint de l'accusateur public, soutenait l'accusation, et les membres du jury étaient les citoyens Trinchaud, Laporte, Renaudin, Gravier, Brochet, Auvreste, Duplay, Fauvel, Fauvetty, Meyere, Prieur, Besnard, Fievez, Sambatz et Desboisseaux. Six avocats, Chauveau-Lagarde, Lafleutrie, Boutroux, Duchâteau, Julienne, Sezille étaient chargés de la défense.

Les débats n'indiquent qu'une seule déposition d'un témoin, mais ils relatent les interrogatoires des accusés.

Quant à la question soumise aux jurés, elle est unique et conçue dans ces termes (1) : « Il a existé des complots et cons-
» pirations formés par Capet, sa femme, sa famille, ses agents
» et complices, par suite desquels des provocations à la guerre
» extérieure de la part des tyrans coalisés, et à la guerre civile
» dans l'intérieur, ont été formés ; des secours en hommes et
» argent fournis aux ennemis ; des intelligences criminelles
» entretenues par eux, des troupes rassemblées, des chefs
» nommés, des dispositions préparées pour assassiner le peuple,
» anéantir la liberté et rétablir le despotisme. »

« Chacun des accusés est-il coupable de ces complots ? »

Et le nom des vingt-cinq prévenus était reproduit au questionnaire (2).

Après vingt-cinq minutes de délibération, les jurés furent affirmatifs sur la seule question qui leur était présentée et la peine de mort fut prononcée contre tous les accusés, sans exception d'un seul (3).

Ce fut alors que Mme Elisabeth déclara elle-même que l'une de ses compagnes, Mme Mégret de Sérilly était enceinte : elle réclama un sursis pour elle. Cependant, par inadvertance, son nom se trouve parmi ceux des morts et son acte de décès est inscrit sur les registres de la commune de Paris, bien qu'il soit

---

(1) Nº 5 du dossier du Tribunal révolutionnaire.
(2) Annexe du même nº 5, signée du président Dumas.
(1) Nº 1 du dossier. Original. — *Le Moniteur* du 23 floréal, an 2.

certain que cette condamnée fut plus tard élargie par le comité de sûreté générale (1).

Le jour même du jugement, les condamnés subirent leur peine. Les procès-verbaux d'exécution, écrits sur des feuilles distinctes et imprimées, sont tous au dossier : ils sont conçus dans des termes identiques et l'on s'est borné à écrire à la plume les noms des victimes. Celui du comte de Sourdeval est inscrit au dossier sous le n° 21 et celui de Mme Elisabeth le suit avec le n° 24. Ce n'est pas sans un vif sentiment d'émotion que nous avons lu ces sinistres épaves.

Ce procès eut un retentissement considérable en France et plus peut-être encore à l'étranger : Il produisit une très pénible émotion (2).

Chauveau-Lagarde qui défendit un si grand nombre d'accusés sous la Terreur, et notamment Charlotte Corday, aussi bien que la reine Marie-Antoinette et Mme Elisabeth, a reproduit ce grand drame dans quelques pages émues (3). Il y rappelle qu'il se leva après les interrogatoires et qu'il fit entendre une courte plaidoirie, dont il a donné lui-même la substance.

« Je fis observer, dit-il, qu'il n'y avait au procès qu'un » protocole banal d'accusation, sans pièces, sans interrogatoire » préalable, sans témoins, et par conséquent, que là où il n'exis- » tait aucun élément légal de conviction, il ne saurait y avoir » de conviction légale.

» Il y avait autant de procès que d'accusés. Le président » clôt les débats et remet au chef du jury l'écrit contenant » les questions. Les jurés rentrent à la salle d'audience, après » quelques minutes de délibération et donnent une déclaration » affirmative contre tous les accusés. » Pas un sur vingt-cinq n'avait obtenu grâce devant ses juges !

L'opinion de cet homme, qui fut plus tard conseiller à la Cour de Cassation, est d'une grande sévérité envers

---

(1) Les nos 31 et dernière feuille du même dossier.
(2) De Beauchesne. Derniers moments de Mme Elisabeth. 1868. — Comtesse d'Armaillé. Mme Elisabeth, sœur de Louis XVI. 1880. — Etc., etc.
(3) Notice sur le procès de Mme Elisabeth. 1816.

les dispensateurs de ce grand débat criminel, et la postérité la ratifiera.

Il n'est pas jusqu'à Sanson, l'exécuteur des œuvres de justice, qui ne se soit senti émotionné de l'attitude irréprochable de Mme Elisabeth aux débats et devant la mort. Il en raconte divers incidents, et son récit est empreint d'un caractère de vérité. Nous voulons lui emprunter quelques passages.

« J'ai assisté à une partie de l'audience dans laquelle la sœur
» du feu roi a été condamnée. Dumas présidait ; on avait accordé
» le fauteuil à l'ex-princesse, ce qui, de la part de Dumas, m'a
» surpris.

» Avec son regard voilé, qui semblait toujours chercher
» le ciel, son sourire toujours doux, même lorsque Fouquier
» lui prodiguait les épithètes les plus outrageantes, la ci-devant
» princesse ressemblait à une sainte descendue du paradis. Elle
» a répondu avec beaucoup de calme et de présence d'esprit à
» toutes les questions.

» Comme une conspiration ne va jamais sans complices,
» vingt-quatre accusés avaient été réunis à la princesse.

» J'ai quitté l'audience comme on procédait à l'interroga-
» toire : il était une heure de l'après-midi. — Vers trois
» heures, Desmorets est venu et m'a dit qu'ils étaient tous
» condamnés après vingt-cinq minutes de délibération. Il m'ap-
» portait l'ordre de pourvoir immédiatement à l'exécution du
» jugement. — Bientôt Mme Elisabeth est amenée au dépôt
des femmes, par Richard, le gardien de la conciergerie.
Lorsque Sanson y entra, « elle était déjà sur la chaise, les
» cheveux dénoués et pendants sur son dos ; elle avait repris
» son livre, elle priait et se frappait la poitrine, quoique
» vraisemblablement, *après une aussi sainte vie, en face d'une*
» *mort si peu méritée, elle n'eût pas lieu de douter de la miséricorde*
» *de Dieu*....... A ma prière elle est entrée dans l'avant-greffe.
» En la reconnaissant, tous les condamnés se sont inclinés.
» Elle leur a rendu leur salut, a appelé à elle un des frères
» Loménie, et lui a parlé ; puis, après quelques minutes de
» conversation, elle a courbé la tête, et, nous avons vu aux
» lèvres de Loménie qu'il murmurait une prière, sans doute
» une absolution, car il est évêque.

» Les condamnés sont sortis de la conciergerie à quatre

» heures. Mme Elisabeth était dans la première charette avec
» les deux Loménie, l'évêque et le ci-devant ministre, la
» veuve Senozan, le fils Montmorin, Sourdeval et Gressy de
» Chamillon. Tous sont restés debout ; elle seule s'est assise.
» Mais à la hauteur de la rue du Coq, comme l'heure nous
» pressait, il a fallu pousser les chevaux ; alors elle s'est levée,
» les cahots de la voiture la fatiguaient sans doute.

« Comme chef du complot, *puisque les jurés avaient trouvé un*
» *complot*, elle devait être exécutée la dernière : Ducray m'avait
» donné à ce sujet des instructions très sévères. Elle est restée
» sur la place de la Révolution (1), au milieu des gendarmes,
» pendant que ses compagnons subissaient le supplice.

» Je l'ai regardée plusieurs fois : toujours elle priait, la face
» tournée du côté de l'échafaud, mais sans qu'aucun bruit lui
» fît lever les yeux. A plusieurs reprises des cris s'étant fait
» entendre, absorbée par des préoccupatiens d'un ordre plus
» élevé, elle restait immobile comme ces statues de la foi qu'on
» voyait autrefois sous le porche des églises, et dont le visage
» de pierre ne saurait avoir d'autre expression que celle de
» l'amour de Dieu.

» Lorsque son tour fut venu, elle a monté les dégrés d'un
» pas très lent. Elle frissonnait légèrement ; sa tête était
» inclinée sur sa poitrine. Au moment où elle se présenta
» devant la bascule, un des aides dégagea le fichu qui couvrait
» ses épaules. Elle fit un mouvement et s'écria avec un sublime
» accent de pudeur : — « Ah ! Monsieur, par pitié ! » Pres-
» qu'aussitôt elle fut bouclée sur la planche qui s'abbatit et sa
» tête tomba.

« Elle a été enterrée au Parc Monceau, avec les autres
» condamnés (2). »

Quant au comte de Sourdeval (3), nos contemporains l'ont

---

(1) Aujourd'hui la Place de la Concorde.
(2) Mémoires de Sanson, 1862, t. V, p. 138.
(3) Sa veuve, alors détenue à Paris, à la prison des Carmes, recou-
vra la liberté après la mort de Robespierre. On trouve son nom inscrit à la date du 27 juin 1794, dans les papiers du sinistre terroriste
et qui ont été publiés par ordre de la Convention. Inscrite par lui,
page 163, sous le vocable de Leneuf (Marie-Jeanne), femme *Sourde-*

absous depuis longtemps des accusations de Fouquier-Tinville, pour ne se souvenir que du gentilhomme dont ils ont voulu rappeler les bienfaits, en donnant à l'une des rues de la ville de Sourdeval le nom de Bernardin-le-Neuf. Bordée des deux côtés par des rangées de tilleuls, elle forme une gracieuse avenue aux abords de son ancien château. Mais par dessus tout, les habitants de Sourdeval conservent avec grand soin une très belle fontaine, avec un obélisque et un large bassin en granit, que leur ancien compatriote avait fait élever à ses frais au milieu de leur cité. Ils lui doivent une parfaite répartition des eaux amenées de la montagne voisine : une inscription (1) au nom de Bernardin-le-Neuf conserve pour eux le souvenir toujours cher de cet homme de bien et d'un grand cœur.

Il faut enfin dire aux habitants de la jolie ville de Sourdeval que la cloche de leur église qui, chaque jour les appelle matin et soir à l'*Angelus,* leur vient de Louis Bernardin Le Neuf et de Marie-Jeanne Le Neuf, qui fut sa compagne dans ses joies, comme dans son infortune.

Hippolyte SAUVAGE.

━━━◆━━━

PIÈCES JUSTIFICATIVES

I

4e CONSERVATION DU COMTÉ DE MORTAIN

Louis-Philippe-Joseph d'Orléans, premier Prince du Sang, Duc d'Orléans, de Chartres, de Valois, de Montpensier et

---

ville, et désignée comme ayant eu son mari frappé par le glaive de la loi, elle devait subir la déportation, d'après la sentence d'une Commission de six membres.

(1) Voici cette inscription : FONTAINE POUR LES HABITANTS DU BOURG ET DE LA PAROISSE DE SOURDEVAL LE NEUF (ce mot a été effacé) ENSUITE POUR TOUS LES ÊTRES QUI PEUVENT AVOIR BESOIN DE MOI.

La maison affectée à la gendarmerie porte encore une autre inscription : 1733, J'AI ÉTÉ POSÉE PAR Mr GABRIEL DE MONTENEY LE NEUF S^r DE SOURDEVAL.

d'Etampes, comte de Vermandois, de Soissons et de Mortain.

A tous ceux qui ces présentes lettres verront, salut.

Savoir faisons, que désirant pourvoir à la conservation de nos chasses dans notre comté de Mortain pour les bons témoignages qui nous ont été rendus du Sieur Comte de Sourdeval et de son zèle, fidélité et affection à notre service.

Nous, pour ces causes et autres à ce nous mouvans, l'avons commis et établi, commettons et établissons par ces présentes, signées de notre main, conservateur particulier de nos chasses dans les paroisses de Sourdeval et du Fresne-Poret pour nos dépendances directes faisant partie de la quatrième conservation de notre comté de Mortain.

Pour la dite commission avoir, tenir et dorénavant exercer par le dit Sieur de Sourdeval en jouir et user aux honneurs autorités et prérogatives y appartenans, suivant et en conformité du règlement fait en notre conseil le vingt-trois septembre mil sept cent quatre-vingt-six, pour la conservation de nos chasses, ci-attaché sous le contre-scel de notre chancellerie, et ce, tant qu'il nous plaira : enjoignons en outre aux gardes et autres personnes préposées et à préposer pour la conservation de nos chasses dans l'étendue des lieux ci-dessus désignés, de lui obéir et entendre ès choses concernant la présente commission, lorsqu'elle aura été dûment visée par le sieur Intendant de nos Finances ayant le département de notre Comté de Mortain. Car telle est notre intention.

En témoin de quoi nous avons fait mettre notre scel aux dites présentes.

Donné au Palais Royal, à Paris, le sixième jour du mois de juillet de l'année mil sept cent quatre-vingt-sept.

                    Signature : L. P. J. d'Orléans.

    Par Monseigneur. *Signé* : Shup.
    Le Sceau manque.

Visé au Conseil Général des Finances et à l'Intendance de Monseigneur le Duc d'Orléans, pour exécution de cette commission.

A Paris, le 8 juillet 1787.   *Signé* : de Limon.

Présenté à l'audience du 27 octobre 1787, les assises tenantes et enregistré.   *Signé* : Ducoudray.

Brevet original sur parchemin.
Bibliothèque nationale. Fonds français. Manuscrit n° 11.915.
Section des Manuscrits.

II

Composition de l'Assemblée Provinciale de Caen

1788

ELECTION DE MORTAIN

M. Le Comte de Sourdeval, *Président*.

Clergé : M. l'abbé DE VAUFLEURY, curé de Barenton.
M. le Prieur de Savigny.

Noblesse : M. Le Comte DE CHEVRUE.
M. Le Comte D'AURAY.

Tiers-Etat : M. PALLIX DES CHAMPS, conseiller au bailliage de Mortain.
M. JOLLY, de Brecey.
M. MOULIN LE BOURDONNÉ, négociant au Fresne-Poret.
M. LEREBOURS-PIGEONNIÈRE.
M. BONNESŒUR-BOURGINIÈRE.

(Procès-verbaux des Etats de l'Assemblée Provinciale de Caen, 1788).

III

Lettre de M. le comte de Sourdeval à M. le duc d'Harcourt, gouverneur général de la Normandie

2 Novembre 1788.

MONSIEUR LE DUC,
J'ai l'honneur de vous informer que les séances de l'assemblée du Département de Mortain sont terminées.
Parmi le nombre de nos arrêtés, le plus intéressant est celui

où l'assemblée, d'une voix unanime, a voté pour demander le rétablissement de nos Etats Provinciaux. Nous nous sommes cru autorisés à former cette demande par l'arrêt du Conseil du 8 août dernier. Il y est dit qu'avant la convocation des Etats Généraux, il était nécessaire d'assembler les Etats Provinciaux dans les provinces où ils existent et de les rétablir dans quelques provinces où ils étaient suspendus. Les Etats Provinciaux de Normandie ont existé jusqu'en 1634 ; il ne sont suspendus que depuis ce temps-là. Il paraît donc nécessaire, par les termes dudit arrêt du Conseil, de les rétablir aujourd'hui pour la convocation des Etats Généraux. C'est le vœu qu'a formé d'une voix unanime l'assemblée du département de Mortain, ainsi que plusieurs autres départements, selon ce que nous avons appris.

L'Assemblée du département de Mortain, remplie d'une juste confiance dans l'intérêt que vous prenez à tout ce qui concerne la province de Normandie, m'a chargé d'avoir l'honneur de vous faire part de son vœu sur les Etats Provinciaux, en vous priant de vouloir bien l'appuyer de votre crédit tant auprès du Roi que de ses ministres.

Nous n'avons rien délibéré sur la forme ; nous nous en rapportons aux lumières de MM. de l'Assemblée Provinciale ou de sa commission intermédiaire : nous savons qu'elle s'occupe de cet objet. D'ailleurs, l'assemblée des notables, qui va se réunir incessamment pour délibérer sur la forme dont les Etats Généraux doivent être convoqués, ne s'occupera-t-elle pas en même temps de la forme de la convocation des Etats Provinciaux ? Vous êtes membre, Monsieur Le Duc, de cette auguste assemblée ; c'est une raison de plus pour que nous ayons la plus grande confiance dans ses délibérations, et nous nous y abandonnons entièrement.

Je suis, Monsieur Le Duc, etc.

Signé : Comte DE SOURDEVAL.

(Original aux archives du château de Harcourt (Calvados).

Imprimerie Avranchinaise de Jules DURAND, rues Boudrie et Quatre-Œufs